VIE

DE SAINT ANTOINE DE PADOUE

2ᵉ SÉRIE IN-12

Saint Antoine de Padoue et l'Enfant-Jésus, d'après Murillo.

VIE

DE

SAINT ANTOINE DE PADOUE

EXTRAITE DES ŒUVRES

DU T. R. P. MARIE ANTOINE

MISSIONNAIRE CAPUCIN

Avec permission de l'Auteur

CINQ GRAVURES

LIMOGES

EUGÈNE ARDANT ET Cie

ÉDITEURS

Il trace une croix sur le marbre (page 18)

SAINT ANTOINE DE PADOUE

PREMIÈRE PARTIE

Enfance de Saint Antoine de Padoue
(1195-1210)

I. — SA NAISSANCE

C'est à Lisbonne, une des plus anciennes villes du monde, que saint Antoine de Padoue a reçu le jour : il y naquit le 15 août 1195 ; nous venons de célébrer le septième centenaire de cette heureuse naissance.

Le siècle qui finissait alors avait eu de grandes gloires ; mais Dieu en préparait de bien plus grandes encore au siècle qui allait venir.

Le siècle qui finissait avait vu saint Bernard et les premières croisades : celui-ci allait voir Innocent III, saint François d'Assise, saint Dominique, saint Bonaventure, saint Thomas d'Aquin, saint Louis et saint Antoine de Padoue.

Nous venons de dire que notre Saint est né en Portugal ; nous serions coupable envers notre chère patrie si nous ne nous hâtions de dire que, s'il appartient au Portugal par son berceau, et à Padoue par son tombeau, il appartient à notre chère France par son sang. Nous le constatons avec une sainte fierté, et nous en rendons d'éternelles actions de grâces, au CHRIST QUI AIME LES FRANCS : n'a-t-il pas toujours voulu que, depuis le baptême de la France dont nous célébrons cette année le centenaire immortel, tout ce qu'il y a eu de grand dans le monde appartint à la France par quelque côté, et ait dû s'unir à elle pour faire les gestes de Dieu : *Gesta Dei per Francos.*

Pour ne parler que du xiiie siècle, voyez François d'Assise prendre le nom de la France, saint Dominique y fonder son Ordre ; saint Bonaventure et saint Thomas d'Aquin y venir étudier, et saint Antoine de Padoue y puiser son sang et en devenir le grand apôtre.

Oui, cet enfant prédestiné est vraiment Français ; on peut l'appeler la fleur de notre chevalerie française ; il est de la grande famille des Bouillon de Lorraine, et c'est bien le sang de Godefroy de Bouillon, le premier héros de son siècle et le premier roi de Jérusalem, qui bouillonne dans ses veines.

O grand chef des croisés dont l'illustre vaillance,
Déployant, sous leurs yeux, l'étendard du Sauveur,
Entraîna, sur tes pas, les chevaliers de France,
Sois fier de cet enfant, ton cœur bat dans son cœur !

II. — LA MÈRE DU CIEL ET LA MÈRE DE LA TERRE

Si, par Martin de Bouillon, son noble père, l'enfant prédestiné hérite de toutes les gloires de la France, par sa mère, Marie-Thérèse de Tavera, descendante des rois d'Asturie, il hérite de toutes les gloires de l'Espagne et du Portugal.

Jamais, disent les historiens, mère plus pieuse et plus accomplie que la mère de notre Saint. Qu'on se forme, par la pensée, l'idéal de toutes les grâces et de toutes les vertus réunies ensemble, à peine pourrait-on atteindre la réalité ; la mère parfaite, dont parle l'Ecriture, vraie perle, vrai trésor de la terre, était trouvée : *Mulierem fortem quis inveniet ?* En elle l'intelligence n'avait d'égale que la vertu, et la force et l'énergie n'avaient d'égales que la tendresse et la douceur.

Toutes ces éminentes qualités et ces

éminentes vertus vivront dans son fils et ce seul mot :

> Ici repose la mère de saint Antoine de Padoue.
> *Hic jacet mater Sancti Antonii.*

suffira jusqu'à la fin des siècles pour que toutes les générations célèbrent les gloires de cette mère incomparable : preuve nouvelle de cette vérité : la première éducation se fait sur les genoux de la mère ; comme tout le chêne est dans le gland, tout l'homme est dans cette éducation. Grande leçon pour les mères chrétiennes !

Par cette sainte mère, l'heureux enfant obtint l'incomparable privilège d'avoir aussi, pour mère, la Reine du ciel. Vers son Trône, en effet, chaque jour, pour obtenir sa naissance, elle faisait monter ses vœux et ses prières : jamais prières plus ferventes ! jamais vœux plus merveilleusement exaucés !

C'est le jour même de son Assomption glorieuse, que Marie les exauça.

Pouvait-elle choisir un plus beau jour pour faire briller au firmament de l'Eglise cet astre radieux, et pouvait-elle obtenir de son Fils un plus beau diamant pour la couronne qu'elle reçoit de lui en cette belle fête?

Il est né, le grand jour où la Reine des Anges
Entra victorieuse au céleste séjour,
Le jour où tous, en cœur, célèbrent ses louanges.
Jamais plus belle fête et jamais plus beau jour !

En ce beau jour, Marie est de nouveau acclamée comme Reine. Or, à toute reine il faut une couronne, et à toute couronne de reine il faut un diamant : l'enfant qui va naître sera le diamant de sa couronne; elle le demande et l'obtient de son Fils.

La Vierge en ce beau jour dit à Jésus :
« Mon Fils, il manque à ma couronne
» Un diamant. Que votre voix l'ordonne.
» Soudain il n'y manquera plus.
» Pour votre gloire et pour la mienne
» On le verra, sur mon front, resplendir.
» — Ma Mère, il n'est rien que n'obtienne
» Celle que mon cœur aime et veut toujours bénir. »
   Voici ce diamant.
  Jamais un si brillant.
— « Qu'à vous, mon Fils, en soit toute la gloire,
» Ce joyau si brillant, je le conserverai.
» Sur l'Enfer, par mes soins, il aura la victoire ;
» Un jour, dans votre cœur, je le déposerai. »

Ce n'est pas assez pour la Reine du ciel de faire naître cet enfant de bénédiction au grand jour de sa fête ; elle veut encore qu'il soit baptisé dans la cathédrale de Lisbonne dont elle est la glorieuse Patronne, et qui porte son nom.

A ce double titre elle devient ainsi deux fois sa mère. Aussi, pour elle, quel ardent amour aura toute sa vie, celui qui deux fois est le fils de son cœur ! C'est en chantant l'hymne de Marie que sa pieuse mère le berce dans ses bras et l'endort dans son berceau. Aussi notre Saint n'a-t-il jamais séparé, dans son cœur, ses deux mères bien-aimées : sa Mère de la terre et sa Mère du ciel.

III. — SES PREMIÈRES ANNÉES

Heureux les enfants dont les parents aiment le Seigneur ! L'héritage de leurs vertus n'est-il pas mille fois plus précieux que celui d'un grand nom et d'une grande fortune ! Notre bien-aimé Saint eut à la fois les deux héritages ; mais, dès le berceau, il sut donner au premier la première place. Qu'il soit notre modèle !

Nous avons vu toutes les gloires que le monde envie, illustrer sa naissance ; mais que sont toutes ces gloires en comparaison de l'héritage des vertus ? Les ancêtres de notre Saint s'étaient transmis cet héritage de génération en génération.

Un seul désir remplissait le cœur de ses pieux parents : faire de leur enfant un grand Saint. Pour cela, ils l'offrent au Seigneur dès le jour même de sa naissance ; et comme ils savaient que l'âme, à cet âge, est comme une cire molle sur laquelle les premières impressions laissent une empreinte ineffaçable, ils n'ont qu'une sollicitude, celle de tourner vers le ciel toutes les pensées de son jeune cœur et de donner, à ce jeune cœur, Jésus et Marie pour amour suprême. O parents admirables ! Pourquoi sont-ils si rares de nos jours !

L'enfant prédestiné devance leurs

désirs ; son cœur s'ouvre de lui-même à tout ce qui est céleste. Il suffit de prononcer devant lui les noms de Jésus et de Marie pour le faire tressaillir ; à peine entend-il ces noms bien-aimés, le voici levant vers le ciel ses petites mains, comme pour appeler déjà Celui dont il devait si souvent recevoir les divines caresses. Tout son bonheur est de se dérober aux tendresses maternelles pour courir au tabernacle de Jésus et à l'autel de Marie. Il n'avait que quelques pas à faire, le palais de ses pères se trouvant en face de la cathédrale ; les séraphins du ciel enviaient ses ardeurs.

IV. — SON VŒU DE VIRGINITÉ

Il n'a pas encore cinq ans et déjà son choix est fait ; il ne veut que Dieu seul pour partage. Il se consacre pour toujours à lui par le vœu perpétuel de virginité. Aucun enfant sur la terre, depuis la Vierge immaculée, n'avait offert au

Seigneur de si hâtives et si séraphiques prémices.

Dès lors sa vie est toute céleste. Rien, de ce que le monde cherche, de ce que le monde aime ne lui plaît ; son unique bonheur est de contempler les grandeurs de l'auguste Trinité, les mystères de la vie de Jésus, les vertus de Marie et de chanter avec les anges l'hymne d'amour avec lequel sa pieuse mère l'endormait au berceau. Ce bel hymne *O gloriosa Domina* a été toute sa vie son chant de prédilection. Ornez en votre mémoire ; qu'il fasse les délices de votre cœur pieux. Nous le traduisons à la lettre.

> O glorieuse Souveraine,
> Dont le trône est si radieux,
> De votre lait, ô douce Reine,
> Vous nourrissez le Roi des Cieux.
>
> Tout ce qu'Eve la criminelle
> Ravit aux malheureux humains,
> Vous le rendez, Vierge immortelle !
> Donnant la grâce à pleines mains.
>
> Par vous descend le Roi de gloire,
> Par vous j'entre dans la Patrie.
> Applaudissons, chantons victoire !
> Honneur ! amour ! gloire à Marie !

> Gloire à Jésus, Fils de Marie,
> Fils du Très-Haut, Verbe éternel !
> Gloire au Père auteur de la vie !
> Gloire, à l'Esprit qui règne au Ciel !

Ainsi chantent les anges du Ciel ; ainsi chantait notre ange de la terre. Ses yeux ne pouvaient se porter sur la croix sans se remplir de larmes, et il ne pouvait voir souffrir un pauvre sans voler à son secours. Que sera le soleil qui précède une si brillante aurore ?

Les anges sont dans l'admiration, les hommes dans l'étonnement ; mais Satan écume de rage, il comprend les coups terribles que cet enfant prédestiné va porter à sa puissance. Aussi, le voyant un jour prier comme un séraphin au seuil du sanctuaire de la cathédrale de Lisbonne, il entre en furie, prend une forme horrible, et, se précipitant sur l'enfant, le saisit à la gorge. Pauvre enfant, que va-t-il devenir ? Ne craignez pas ; Marie veille sur lui. Ne pouvant prononcer son nom, ni celui de Jésus qui étaient ses grands noms de victoire, il trace avec son doigt une croix sur le marbre où il est à genoux : c'est assez, le voilà vainqueur ! A la vue de cette croix, Satan s'enfuit, honteux de sa défaite ; et l'empreinte profonde de cette croix demeure comme un monument éternel de ce grand triomphe. Le marbre, devenu tout-à-coup tendre sous son petit doigt, gardera toujours cette miraculeuse empreinte ; les pèlerins la baiseront avec transport, et, jusqu'à la fin des siècles, elle sera toujours pieusement vénérée dans l'antique cathédrale.

Ainsi s'écoulèrent les premières années de Ferdinand de Bouillon. O, enfant merveilleux ! il est à peine né, et le voilà déjà grand saint et grand triomphateur !

V. — SA PREMIÈRE COMMUNION

La première Communion d'un enfant séraphique ! Qui pourra nous en dire les ravissements ?

Qu'ils sont aimés, grand Dieu, tes tabernacles !
Qu'ils sont aimés et chéris de mon cœur !

« Le passereau a le toit de la demeure,
» et la tourterelle son nid où elle repose
» ses petits ; et moi j'ai les tabernacles
» de mon Jésus ! Là je veux toujours
» habiter ! Vos autels, mon Dieu ! vos
» autels ! Un seul moment passé avec
» vous, ô le Dieu de mon cœur, vaut
» mieux qu'un siècle au milieu des plaisirs
» et des joies des mortels ! »

Ainsi, en ce grand jour, chante notre séraphin terrestre.

Le jour de la première Communion est pour lui un jour d'extase : les anges seuls ont le secret de ces ineffables délices. On n'en goûte de semblables qu'au Paradis ! Désormais il n'a plus qu'un désir : renouveler, aussi souvent que possible, les joies de cette union céleste.

Après le bonheur de communier, le plus grand pour lui est de servir le prêtre au saint Sacrifice, et de balancer l'encensoir d'or devant les autels du Seigneur.

Cette première enfance de notre Saint

nous rappelle la scène touchante empruntée à nos saints Livres, dont s'est si bien inspiré notre grand poète chrétien.

ATHALIE
Quels sont donc vos plaisirs ?
JOAS
      Chaque jour à l'autel
Je présente au grand-prêtre ou l'encens ou le sel,
Je vois l'ordre pompeux de ses cérémonies.
ATHALIE
Hé quoi ! vous n'avez point de passe-temps plus doux ?
Je plains le triste sort d'un enfant tel que vous.
Venez dans mon palais vous y verrez ma gloire.
JOAS
Moi, des bienfaits de Dieu je perdrais la mémoire !
ATHALIE
Les plaisirs près de moi vous chercheront en foule.
JOAS
Le bonheur des méchants comme un torrent s'écoule.

Ajoutons encore ces vers du même poète chrétien. On y reconnaîtra notre Saint.

Tel en un secret vallon,
Sur le bord d'une onde pure,
Croît, à l'abri de l'aquilon,
Un jeune lis, l'amour de la nature,
Loin du monde élevé, de tous les dons des cieux
Il est orné dès sa naissance

Et des méchants l'abord contagieux
N'altère point son innocence.
Heureuse, heureuse l'enfance
Que le Seigneur instruit et prend sous sa défense!

VI. — SON AMOUR POUR L'ÉTUDE

Admis dans les écoles où les vénérables chanoines de la cathédrale de Lisbonne élevaient les enfants d'élite, il étonna ses maîtres autant par ses progrès rapides que par ses angéliques vertus.

Son ardeur au travail, l'énergie avec laquelle il aborde les questions les plus difficiles, et surtout sa modestie, sa douceur, son amabilité ravissent tous les cœurs et en font un modèle accompli de toutes les vertus de l'enfance ; on en félicite ses pieux parents, et son éloge est dans toutes les bouches; mais ni la gloire qui l'environne, ni les éloges qu'on lui prodigue ne peuvent effleurer une âme qui, déjà, les méprise et les regarde comme de la fumée. Son cœur est saisi par une passion plus haute, celle de l'infini, le monde est trop petit pour son âme si grande ; une seule ambition la dévore : être tout entier au Dieu dont l'amour le consume.

« Qui me donnera, s'écrie-t-il, qui me
» donnera les ailes de la colombe? et je
» m'envolerai. » Ne lui parlez donc plus de tout ce que le monde cherche : noblesse, gloire, fortune, plaisirs, affections même les plus légitimes, tout cela n'est rien pour lui ; rien de tout cela ne peut, même un seul instant, faire balancer son cœur.

Que sont toutes les grandeurs, tous les honneurs de la terre pour l'âme qui a senti Dieu et reçu ses caresses?

L'enfance de notre Saint est finie ; une nouvelle phase de sa vie va commencer.

On le voyait s'avancer lentement (page 26)

DEUXIÈME PARTIE

Jeunesse de Saint Antoine de Padoue
(1210-1220)

I. — SON ENTRÉE EN RELIGION

Dieu a parlé, le cœur du Saint a entendu sa voix. Rien ne l'arrête, rien ne l'ébranle, ni la tendresse de ses pieux parents, ni les supplications de ses amis, ni les instances de ses maîtres. Ceux-ci voudraient tant conserver encore l'élève qui fait leur gloire et leur consolation !

Ferdinand de Bouillon est de la race des croisés, il s'en souvient, il pousse le grand cri des croisades : Dieu le veut ! Dieu le veut !

Il laisse le palais de ses pères, sa fortune, ses grandeurs, et le voilà aux pieds du Révérendissime Père Abbé des Chanoines Réguliers de Saint-Augustin de Lisbonne, demandant, à genoux, d'être admis dans son monastère.

Celui-ci, reconnaissant ici le doigt de Dieu, l'accueille, l'embrasse et le bénit ! Il n'avait que quinze ans !...

Laissons-le chanter son bonheur.

Chant de triomphe

C'en est donc fait : ô vanités du monde,
Retirez-vous, je vous ai dit : adieu :
Je goûte enfin la paix douce et profonde,
   Mon cœur est tout à Dieu !
Seigneur mon Dieu, je vous donne ma vie,
Heureux d'avoir entendu votre appel,
Et ressenti dans mon âme ravie
Un avant-goût des délices du Ciel.
O douce ivresse ! ô joie inexprimable !
Je suis à vous, Seigneur, mon seul amour !
Vœu solennel ! Serment irrévocable !
   Je vous appartiens sans retour !

Qu'ai-je quitté! le néant, la chimère,
Pour la lumière et pour la vérité!
Richesse, honneurs, voluptés de la terre,
Tout est mensonge, orgueil et vanité.
Leur faux éclat séduit un cœur vulgaire;
On les recherche avec avidité :
Qu'y trouve-t-on? un peu de lie amère
    Au fond d'un calice enchanté!

Partout le trouble incessant qui l'agite
Empêche l'homme ici-bas d'être heureux;
Moi j'ai besoin d'un bonheur sans limite,
Auquel aspire un cœur fait pour les cieux.
Mais sur la terre, il n'est rien qui réponde,
Même un instant, à ces nobles ardeurs,
Non! car nos cœurs sont plus grands que le monde
    Dieu seul est plus grand que nos cœurs!

Auprès de lui, l'âme n'est plus captive
Et sent la paix succéder aux soupirs,
Elle a trouvé la fontaine d'eau vive,
Pour étancher la soif de ses désirs.
Tout passe, hélas! beauté, plaisirs, richesse
Tout, chaque jour, s'efface et se ternit :
Mais près de Dieu le bonheur croît sans cesse.
    Là, tout s'illumine et grandit.

Parents, amis, que j'embrasse et que j'aime,
Elevons-nous aux clartés de la foi.
Je vais à Dieu, l'allégresse suprême!
Si vous m'aimez, ne pleurez pas sur moi!
Notre lien, — puissiez-vous le comprendre, —
N'est pas brisé, mais n'en est que plus fort,

On s'aime en Dieu de l'amour le plus tendre,
  On s'aime à la vie, à la mort !

C'est donc, Seigneur, sans regret, sans tristesse,
  Mais dans la joie et l'élan de mon cœur,
Que je vous ai consacré ma jeunesse,
  Et c'est vous seul qui ferez mon bonheur.

II. — SA VIE AU COUVENT DE SAINT-VINCENT-DE-LISBONNE

Jamais novice plus fervent, plus docile et plus généreux ; il devance en vertu les plus saints religieux du monastère ; on aurait dit un ange prêté par le ciel à la terre. Toujours recueilli, il ne perd pas un seul instant de vue la présence de Dieu. On le voyait s'avancer lentement sous les longs arceaux des cloîtres silencieux, les yeux modestement baissés, ou levés vers le ciel, les bras croisés sur sa poitrine et le cœur consumé d'amour.

Plus il se plonge dans la contemplation, plus il se nourrit de silence et de prière, plus son esprit s'illumine et plus son cœur s'enflamme. Un seul nuage vient attrister son ciel : il se trouve trop visité, et pas assez oublié.

Il demande donc instamment à ses supérieurs d'être envoyé loin de Lisbonne, dans un couvent plus solitaire. Ceux-ci, quoique grandement affligés de le voir s'éloigner, comprennent les aspirations et les besoins de sa grande âme. Ils accèdent à ses supplications, et notre jeune Saint part pour Coïmbre, et y vient habiter le couvent solitaire de Sainte-Croix.

III. — SA VIE AU COUVENT DE SAINTE-CROIX DE COÏMBRE

C'était un grand couvent ; la piété et la magnificence royale l'avaient élevé. A peine y est-il arrivé, il y fait l'admiration de tous. Jamais les vénérables religieux qui l'habitaient n'avaient vu autant de perfection unie à tant de modestie, et tant de douceur unie à tant d'humilité ; jamais ils n'avaient vu tant de qualités à la fois se rencontrer dans un seul homme, et s'y rencontrer à un degré si sublime : la sainteté et le génie, loin de se nuire l'un à l'autre, se prêtaient, en lui, un mutuel office, et faisaient de ce religieux encore si jeune un modèle de perfection et un type achevé. « Ce » n'est pas un homme, disaient les autres » religieux saintement ravis, c'est un » séraphin qui habite avec nous. »

C'était bien, en effet, la vie d'un séraphin que menait notre jeune novice ; ses pieds touchaient la terre, mais son âme cherchait le ciel. Déployant les ailes de l'amour elle s'envolait et se plongeait avec délices dans les profondeurs et les splendeurs de la Trinité. La puissance du Père, l'intelligence du Fils, l'ineffable suavité du Saint-Esprit se reflétaient en elle : la Trinité lui révélait tous ses mystères. Il avait déjà en main la clef des saintes Ecritures ; toute la doctrine des Pères, toutes les questions de la plus haute théologie étaient devenues son domaine, il y régnait en maître.

« Les plus savants docteurs du couvent, disent ses historiens, avaient honte de leur ignorance en présence de ce jeune religieux possédant déjà les plus sublimes lumières; et les plus fervents du couvent se trouvaient bien imparfaits en présence de tant de sainteté. »

Le Seigneur, d'ailleurs, à Coïmbre comme à Lisbonne, se plaisait à affirmer cette sainteté par d'éclatants miracles. Les historiens en racontent trois magnifiques accomplis, par notre jeune saint, dans le couvent de Coïmbre.

N'oubliant jamais que Jésus n'est pas venu sur la terre pour être servi mais pour servir, il n'ambitionnait qu'une gloire, se mettre aux pieds de tous ses frères pour être leur serviteur. Ses supérieurs, secondant ses désirs, lui confiaient, sur ses instances, les charges les plus basses et les plus humiliantes, en particulier la propreté de l'infirmerie et le soin des malades; notre saint s'y délectait. Un jour, pendant qu'il veillait auprès du lit d'un jeune novice malade, lui prodiguant ses soins avec un angélique empressement, il entend sonner la cloche du couvent annonçant l'Elévation de la sainte Messe. « Oh Jésus ! s'écrie-t-il, quel » bonheur si je pouvais me transporter » au pied de votre autel !... » A peine a-t-il prononcé ces mots, ô prodige ! les murs de l'église s'ouvrent, d'eux-même, devant lui ; il voit le prêtre à l'autel, élevant vers les cieux l'Hostie sainte et le Calice du salut ; et, se prosternant, il adore.

Dans la même infirmerie, quelques jours après, vient un Religieux malade ; notre saint le soigne avec une ineffable tendresse. Mais, tout à coup, le démon, furieux, s'empare du pauvre malade, et le voilà poussant des cris horribles, se déchirant lui-même, et rejetant ses vêtements. Notre saint quitte aussitôt son manteau pour l'en couvrir. O prodige ! à peine ce manteau a-t-il touché les épaules du pauvre malade, voilà Satan vaincu, et le pauvre malade recouvrant immédiatement la paix, la joie et une santé parfaite.

Un autre jour, pendant que, dans l'église du couvent, il assistait, en qualité de diacre, le prêtre à l'autel, le ciel s'ouvrit tout à coup devant lui, et il vit l'âme d'un religieux qui venait de mourir, entrer, sous forme de blanche colombe, dans la céleste patrie.

Telle fut la vie plus angélique qu'humaine que mena notre saint dans le couvent de Coïmbre : aussi, dans les archives du couvent, lit-on ces mots écrits par les Religieux témoins de cette admirable vie :

« Nous avons vu, en Ferdinand de
» Bouillon un prodige de sainteté et de
» doctrine, orné de toutes les sciences
» divines et humaines, et environné de
» la gloire de toutes les vertus et de tous
» les mérites. »

IV. — COMMENT DIEU L'APPELLE DANS UN AUTRE ORDRE

La lumière, dit le Seigneur, ne doit pas rester cachée sous le boisseau ; elle doit être placée sur le chandelier et bien haut, pour que son éclat illumine le monde : *Neque accendunt lucernam et ponunt eam sub modio, sed super candelabrum!*

Ceci s'applique à la lettre à notre Saint.

L'Ordre séraphique était le chandelier réservé par Dieu, de toute éternité, pour y faire briller celui qui, flambeau encore caché, devait tout à coup illuminer le monde.

S'il était resté à Coïmbre, Ferdinand de Bouillon serait demeuré inconnu ; il aurait vécu et serait mort dans le silence et l'obscurité du cloître.

Dieu le destinait à de plus grandes choses.

C'était une heure solennelle.

Quand il s'éloigne du Christ, vie et foyer d'amour, le monde se refroidit et court à la décadence, à l'agonie et à la mort. Il en était ainsi à la fin du xii° siècle. Dieu, dans sa miséricorde, voulut sauver le monde, il suscita pour cela de grands saints. Or parmi ces saints il en fallait un qui fût à la fois un grand apôtre et un grand thaumaturge.

Ferdinand de Bouillon aura cette double gloire. Pour cela il l'appelle dans un Ordre nouveau.

Entré dans l'Ordre des Chanoines réguliers de Saint-Augustin pour accomplir la volonté de Dieu, c'est encore pour accomplir la volonté de Dieu qu'il va en sortir pour entrer dans l'Ordre séraphique nouvellement établi dans l'Eglise, et Ordre entièrement apostolique.

Dieu ne pouvait demander de lui un plus grand sacrifice : quitter l'Ordre des Chanoines réguliers, n'était-ce pas quitter une seconde famille? Son cœur si tendre, si affectueux, y avait déjà plongé de si douces et si profondes racines! Et le reproche d'inconstance et d'ingratitude que pouvaient lui faire des Supérieurs vénérés et des frères bien-aimés ! quel calice amer ! quelle croix douloureuse !

Le fils des Croisés va-t-il reculer? Lui qui, à Lisbonne, a bondi comme un géant, va-t-il à Coïmbre manquer de courage? Non, non, ne craignez pas! Que Dieu parle, il sera debout, et le géant va bondir encore!

Un couvent de l'Ordre séraphique venait d'être fondé près de Coïmbre. Là les pauvres de Jésus-Christ marchent pieds nus; ils sont vêtus d'une grossière bure, ils ont les reins ceints d'une corde, et ils vivent d'aumônes. Leur vue a profondément ému son grand cœur, une forte attraction déjà s'est fait sentir; mais voici une attraction plus forte et plus puissante encore.

Plusieurs Religieux de cet Ordre, s'étant rendus au Maroc pour convertir les infidèles, ont eu le bonheur et la gloire d'y verser leur sang pour Jésus-Christ; leurs reliques viennent d'être rapportées, en triomphe, en Portugal. C'est assez; son grand cœur a tressailli : O bonheur! s'écrie-t-il, ô bonheur! si comme ces saints je pouvais mériter la palme du martyre!

Être pauvre comme Jésus, être humilié

comme Jésus, méprisé comme Jésus, verser son sang pour Jésus : quelle attraction pour un cœur de séraphin ! Mais la détermination à prendre est si grave !

Il prie, il pleure, il embrasse la croix, il s'adresse à sa Mère du Ciel !..... Ne craignez pas : après la tempête va venir le calme ; après les ténèbres, la lumière ; après l'angoisse, la joie parfaite.

Marie a parlé pour lui à Jésus, et Jésus a parlé pour lui à François, l'ami de son cœur !

Il dit autrefois à Ananie : « Va cher-
» cher Paul que j'ai choisi pour être mon
» vase d'élection », et aujourd'hui il dit
à François : « Va chercher Ferdinand de
» Bouillon ; je l'ai choisi pour être mon
» grand apôtre et mon grand thauma-
» turge. »

Retiré dans sa cellule et en proie à la plus cruelle anxiété Ferdinand de Bouillon était en ce moment prosterné au pied de la croix ; il priait avec larmes. Tout à coup saint François se montre à lui au milieu d'une clarté céleste

« Ne crains pas, mon fils, lui dit-il, ne
» crains pas; je viens, au nom du Sei-
» gneur, te manifester sa volonté sainte;
» il t'appelle dans l'Ordre qu'il vient
» d'établir par moi son si indigne servi-
» teur; j'y serai ton père, tu y seras mon
» fils bien-aimé : telle est la volonté for-
» melle du Seigneur! »

Ainsi parla le séraphique Pére. C'est assez : la lumière est faite et la grâce est reçue. « Me voici, Seigneur, s'écrie Fer-
» dinand de Bouillon, me voici!» Et, fort de la parole et de la bénédiction du séraphique Père, le lendemain, 1ᵉʳ juillet 1220, il dit adieu aux Chanoines Augustins. — « Allez, dit l'un d'eux,
» avec aigreur, au moment où il fran-
» chissait le seuil du monastère; allez!
» peut-être en nous quittant deviendrez-
» vous un Saint ! » — « Vous l'avez dit,
» répond Ferdinand de Bouillon : tout
» n'est-il pas possible à Dieu? Et le jour
» où vous apprendrez ma canonisation,
» vous serez le premier à lui en rendre
» grâce ! »

C'était une prophétie : ce Chanoine, en effet, se réjouit plus que tous les autres, lorsque, dix-sept ans après, le Pape Grégoire IX publiait, à la grande joie du ciel et de la terre, le décret de la canonisation de Ferdinand de Bouillon, devenu Antoine de Padoue.

Il vint demander d'être admis dans l'Ordre Séraphique
(page 38)

TROISIÈME PARTIE

Virilité de Saint Antoine de Padoue ; sa vie
dans l'Ordre séraphique
(1220-1231)

I. — SON ENTRÉE DANS L'ORDRE SÉRAPHIQUE
LE GRAND NOM QU'IL Y REÇOIT

C'est dans le couvent de Saint-Antoine d'Olivarès, situé à une demi-lieue de Coïmbre, que Ferdinand de Bouillon vint demander, à genoux, l'insigne faveur d'être admis dans l Ordre séraphique.

Ce petit couvent venait d'être concédé,

tout récemment, aux fils de saint François par le roi Alphonse II.

Dès son entrée, on change son nom : n'est-il pas écrit, qu'à tout vainqueur, Dieu donne un nom nouveau, un nom magnifique?

Ecoutez le prophète Isaïe : on dirait qu'il chante à l'avance la gloire de notre Saint. « Les nations, s'écrie-t-il, verront,
» ô mon Dieu, votre Saint bien-aimé, et
» tous les rois s'inclineront pour lui ren-
» dre honneur : *Videbunt gentes justum*
» *tuum, et cuncti reges inclytum tuum*. Et
» il portera un nom nouveau, que vous
» lui aurez choisi : *et vocabitur nomen*
» *novum, quod os Domini nominabit...* Et
» toi, grand Saint, faisant de continuels
» prodiges, tu seras comme une couronne
» de gloire dans les mains du Seigneur :
» *et eris corona gloriæ in manu Domini.* »

Et quel est ce nom nouveau choisi par Dieu pour notre triomphateur? C'est un nom déjà illustre, et que Ferdinand de Bouillon rendra encore plus illustre. Il va lui donner le grand nom d'ANTOINE :

nom de l'illustre géant de la Thébaïde, patron du monastère où il vient d'être admis; mais surtout nom significatif, formé de deux mots : ALTE TONANS, *voix de tonnerre*, indiquant la grande mission d'apôtre que va remplir celui qui le reçoit.

II. — LA GRANDE MISSION QU'IL VA REMPLIR

Quelle mission plus grande en effet! quelle mission plus glorieuse! Arracher les âmes à Satan et leur ouvrir le Paradis!

Pour remplir cette mission le Verbe a incliné les cieux, il est descendu parmi nous et lui qui, d'un seul mot, avait créé le monde, a pris un corps semblable au nôtre, a travaillé trente-trois ans, et s'est fait crucifier pour le racheter.

Ce n'était pas assez pour son amour : *Ce qui suffisait pour nous racheter ne suffisait pas à son amour*, dit saint Thomas. Cette œuvre de la Rédemption passionne tellement son cœur qu'il a voulu la renouveler. Le prophète l'avait annoncé: « Voilà votre chef-d'œuvre, ô mon Dieu! » s'écrie-t-il : *Domine, opus tuum!* Mais ce n'est pas assez de l'accomplir une fois; il faut le renouveler au milieu des âges : *In medio annorum vivifica illud.* Ce que le prophète a dit a été fait, et voilà qu'au milieu des âges, un nouveau crucifié apparaît sur la terre; le monde étonné le voit tout à coup sortir, comme un soleil, des abîmes du néant, où son humilité le plonge. François d'Assise est son nom.

« C'est l'Orient, s'écrie le Dante, c'est l'Orient qui se lève à Assise ! »

Pero chi d'esso loco fa parole
Non dica Acesi, che direble certo
Ma Oriente se proprio dir vuole.

Saluez le nouveau Rédempteur !

L'Eglise ne manque jamais de le faire chaque fois qu'elle conduit ses enfants à la suite du Christ sur le chemin de l'éternelle vie. Entendez-la s'écrier : « Le » froid de la mort envahissait le monde; » mais par les plaies de François, Dieu a

» rallumé le feu de l'amour et renouvelé
» la face de la terre : *Frigescente mundo,*
» *in carne beatissimi Patris Francisci,*
» *Passionis tuæ sacra stigmata renovasti.*»

Rien de si grand depuis le Christ, rien de si magnifique n'avait été accompli. Mais François ne doit pas être seul pour accomplir ces merveilles. Le Père n'a-t-il pas racheté le monde par son Fils, son Verbe et sa splendeur? Dieu veut donc donner à saint François un fils qui, lui aussi, sera son Verbe et sa splendeur.

Ce fils choisi par Dieu de toute éternité pour remplir, avec saint François, la grande mission de nouveau Rédempteur, et partager avec lui la gloire de renouveler la face de la terre, est celui que nous saluons pour la première fois du grand nom d'ANTOINE; c'est celui dont la voix retentira comme un tonnerre, et dont la langue sera miraculeusement conservée pour que les accents de cette voix ne cessent jamais d'être entendus de génération en génération jusqu'à la fin des siècles.

Il sera la gloire et la perle de l'Ordre séraphique; et saint François pourra, lui aussi, dire sur un nouveau Tabor : « Voici mon fils bien-aimé, en qui j'ai mis » toutes mes complaisances; écoutez-le!»

Mais avant l'heure de la Transfiguration doit venir l'heure de l'épreuve. Nul n'arrive aux joies du triomphe sans passer, comme Jésus, par les angoisses du calvaire et par la nuit du sépulcre. Quelles joies mérite celui qui n'a pas souffert? Et que sait-il?

Avant que vienne l'épreuve, partageons avec notre Saint les joies de sa Profession dans l'Ordre séraphique, et chantons avec lui :

Chant de triomphe
de la Profession séraphique

PAUVRETÉ SÉRAPHIQUE

Toujours, toi que Jésus me prêche,
O Pauvreté, je serai ton enfant ;
Toujours l'aspect de l'humble crèche
Sera pour moi l'aspect le plus charmant :

Si tu le veux, de chaumière en chaumière
J'irai quêter mon pain de chaque jour,
Et je serai sans abri sur la terre,
Voilà comment je t'aimerai toujours !
Que d'autres, pour goûter le bonheur qui t'enivre,
Monde insensé, courent adorer le veau d'or.
Pour ne goûter que Dieu, moi j'ai juré de vivre
Pauvre toujours, pauvre jusqu'à la mort !
Tous les biens d'ici bas, ah ! je les abandonne !
Dieu, voilà mon trésor ! il ne me faut plus rien.
En ayant Dieu, j'ai tout : mon front a sa couronne,
Ma main son sceptre, et mon cœur tout son bien !

CHASTETÉ SÉRAPHIQUE

Toujours, ô vertu ravissante,
Toi qui des lis efface la beauté,
Toujours dans mon âme innocente
Tu régneras, divine Pureté.
Par toi je vis déjà dans la Patrie,
Tu m'enivres de bonheur et d'amour ;
Et dans un siècle où partout on t'oublie
Ne faut-il pas que je t'aime toujours ?
Que d'autres, à leur gré, courent où les entraîne
Le charme du plaisir et de la volupté :
Pour m'attacher à Dieu, moi j'ai choisi la chaîne,
La chaîne d'or de la virginité !

OBÉISSANCE SÉRAPHIQUE

Toujours à ta volonté sainte
J'aurai, Seigneur, un cœur obéissant ;

Toujours, sans retard et sans crainte,
J'immolerai volonté, jugement,
Jésus, mon Roi, fais qu'en tout temps, fidèle,
Je t'obéisse en tout et par amour.
Plutôt mourir que de vivre rebelle
Et de cesser de t'obéir toujours !
Que d'autres, s'il leur plaît, raillent l'âme soumise,
L'âme qui, sans murmure, obéit chaque jour.
Pour mieux servir mon Dieu, moi j'ai pris pour devise:
« L'obéissance est mon acte d'amour ! »

III. — GRANDES ÉPREUVES

« En vérité, en vérité, je vous le dis,
» si le grain jeté en terre n'y meurt pas
» et n'y est foulé aux pieds, il demeure
» stérile; mais s'il y meurt, s'il y est
» foulé aux pieds, il y germe et produit
» au centuple. »

Ainsi parle Jésus, l'éternelle Vérité. Notre Saint venant d'être placé, par le Seigneur lui-même, dans l'Ordre séraphique, pour y porter des fruits merveilleux, devait donc commencer par y mourir et par y être foulé aux pieds. Notre Saint, à qui nous donnerons désormais le nom d'Antoine que le ciel lui a choisi, le savait : aussi n'avait-il, en entrant dans l'Ordre séraphique, qu'une seule pensée, qu'un seul désir, qu'une seule passion : s'immoler et s'anéantir pour mieux mériter d'y sauver les âmes.

Cette passion grandit encore quand, devenu prêtre, il eut le bonheur d'unir ses immolations à celle de la divine Victime, lorsque, chaque jour, il offrait l'auguste Sacrifice dans des extases et des ravissements dont le ciel seul a le secret.

Pour rendre à Jésus sang pour sang et amour pour amour, pour étancher la soif de souffrir qui le dévore, il s'envole au Maroc, espérant convertir les infidèles et y conquérir la palme du martyre. Mais Dieu, qui le réserve pour être apôtre de l'Europe, ne lui accorde que le martyre de désir. Aussi, à peine a-t-il touché le sol de l'Afrique, le voilà tout à coup arrêté par une cruelle maladie qui l'oblige à revenir au milieu des nations chrétiennes ; il se soumet à la volonté sainte et s'embarque sur un navire qui fait voile vers le Portugal.

Rejeté par la tempête sur les côtes de la Sicile, il fut s'abriter à Messine, dans le modeste couvent nouvellement fondé par les enfants de saint François. Il y accomplit plusieurs miracles signalés, que les historiens se plaisent à rappeler, et dont le souvenir demeure impérissable.

En vain, depuis la fondation, les religieux avaient cherché de l'eau dans l'enceinte de leur clôture; toutes leurs recherches étaient restées inutiles, et tous leurs efforts impuissants. Notre Saint se met alors en prière, et sa prière ne tarde pas d'être exaucée. A peine, en effet, a-t-on creusé la terre à l'endroit qu'il indique, il en jaillit une eau limpide et abondante, où tous viennent puiser à l'envi, et où une multitude de malades ont retrouvé la santé. Ce puits miraculeux porte toujours son nom.

Dans le même jardin il plante de ses mains un oranger, et cet oranger qui porte aussi son nom a toujours conservé une vigoureuse végétation, et ses fruits guérissent les malades. Il procure aussi aux Religieux une cloche, et cette cloche, qui porte également son nom, éloigne la foudre et la tempête.

Un Religieux du même couvent étant tombé gravement malade, notre Saint l'environne d'une charité toute séraphique, et pendant qu'il prie pour lui, il apprend, par révélation, que cette maladie est l'œuvre de Satan; il le couvre aussitôt de son propre vêtement, et le guérit, instantanément.

Pendant qu'il multipliait ainsi les actes de son inépuisable charité, la nouvelle que saint François appelait tous ses Religieux au Chapitre général, arriva à Messine. Il s'y rendit aussitôt, heureux de contempler de ses yeux celui qu'il n'a vu qu'en extase; heureux aussi de voir, pour la première fois, tant de vénérables frères déjà illustres par leur sainteté, vaillants soldats du Christ, toujours prêts à s'immoler pour sa gloire, mille fois plus grands dans leur pauvreté que les rois sur le trône.

Il va donc au Chapitre général, marchant à pied et demandant l'aumône en chemin, comme le veut la sainte Règle. Les fatigues de cette longue route finissent d'épuiser ses forces déjà affaiblies par la maladie et la tempête. Aussi, quand, après le Chapitre, vient la distribution des charges, des dignités et des emplois, est-il relégué au dernier rang. Aucun regard ne se tourne vers lui.

Nouveau venu dans l'Ordre, encore inconnu, se dérobant d'ailleurs lui-même, il était délaissé de tous; et, lui, de se délecter dans cet abandon et cette humiliation profonde. Mais Dieu, qui regarde les humbles, pensait à lui; il inspire au Père Gratien, Ministre provincial de Bologne, un sentiment de compassion, et tout à coup ce vénérable Père sent au cœur une mystérieuse sympathie pour ce pauvre frère inconnu et délaissé. Il l'aborde et lui dit : « Personne ne vous a choisi, mon frère? — Non, dit Antoine.

Etes-vous prêtre? — Oui, dit Antoine. — Voulez-vous venir avec moi? — J'irai où Dieu voudra. — Venez. » Et il l'amène dans le petit monastère de Monte-Paolo, le destinant à y offrir le saint Sacrifice au milieu de simples frères qui s'y sont réunis. C'était s'ensevelir dans un vrai sépulcre.

IV. — LE SÉPULCRE DE MONTE PAOLO

Ce petit monastère était perdu dans les montagnes des Apennins; il était bâti au milieu des rochers. Quelques pauvres frères convers, humbles et fervents s'y étaient réunis pour y vivre plus solitaires et y pratiquer les plus grandes austérités. Ne plaignez pas notre saint : il n'y avait pas sur la terre un endroit plus conforme à ses goûts de pénitence et de vie cachée. Rien de si pauvre que ce petit couvent : mais aussi rien de si céleste; suspendu entre ciel et terre, aucun bruit du monde n'y arrive et l'âme recueillie peut, dans le silence et la paix, y savourer à longs traits les ineffables délices de la contemplation.

Antoine cependant ne s'y trouve pas encore assez solitaire; il va s'ensevelir tout vivant dans une grotte profonde que veut bien lui céder un de ses frères. Là il trouve l'idéal de ses aspirations. Qui nous dira les extases et les ravissements dont le ciel l'y favorise?

Ses cris d'amour dans la Grotte

Qu'importe la souffrance? Elle a pour moi des charmes
Depuis que j'ai goûté les secrets de ta croix,
Tes mépris, tes douleurs, tes épines, tes larmes,
    Mon Dieu, voilà mon choix !

Je veux, ainsi que toi, n'avoir pas sur la terre
Où reposer mon front penché par la douleur,
Ton seul amour, mon Dieu, c'est l'eau qui désaltère,
    Mon abri, c'est ton Cœur !

Seul tu me seras tout, mon onde et ma rosée,
Mon ombre et mon repos dans les ardeurs du jour ;
L'appui suave et doux de mon âme épuisée
    Mon bonheur, mon amour !

Fuyez, fuyez bien loin, vains plaisirs de la terre,
Vos attraits séduisants ne peuvent rien sur moi ;
Parle, toi seul, mon Dieu ! Mon âme solitaire
    Ne veut ouïr que Toi !...

Il mérite ces joies célestes par les effroyables austérités qu'il pratique dans cette grotte profonde : là, comme Jésus dans la grotte de Gethsémani, il boit a longs traits au calice de la douleur, et pleure sur les péchés du monde ; il n'en sort, chaque jour, que pour offrir le saint Sacrifice et se faire le plus petit de ses frères et le serviteur de tous ; mais il en sort si exténué qu'ils sont souvent obligés de soutenir ses pas chancelants.

Voilà bien le grain jeté en terre, mort, enseveli, foulé aux pieds. Ne craignez pas : l'heure de la mort est toujours pour les saints l'heure de la vie. *Dies natalis.*

Assistons à la résurrection.

V. — LA RÉSURRECTION

Dieu ne l'avait enseveli que pour le ressusciter. Voici l'heure de la résurrection.

Celui qui s'est caché Dieu va tout à coup le faire briller comme un soleil ; et, celui qui s'est tu, va parler comme un oracle.

Une circonstance inattendue sert au Seigneur pour le révéler à la terre.

A Forli, ville voisine de Monte Paolo, a lieu une Ordination solennelle; tous les Religieux, Franciscains et Dominicains, des couvents d'alentour y sont convoqués par l'évêque du lieu. Le Père gardien de Monte Paolo doit donc s'y rendre. Il prend avec lui notre Saint.

Il était d'usage, en pareille occurence, de faire un discours aux assistants : l'Evêque offre cette mission aux supérieurs qui l'environnent ; mais tous les supérieurs invités déclinent cet honneur, et voilà qu'un d'eux a l'inspiration subite de confier à Antoine cette périlleuse mission. Celui-ci s'était mis le dernier de tous, comme le plus incapable. Quel n'est pas son étonnement! Il s'excuse, mais en vain. L'obéissance triomphant de son humilité, il se lève, il parle! Tout à coup sa figure s'illumine comme celle d'un séraphin, et sa parole est celle d'un prophète ; jamais la terre n'avait entendu de semblables accents. Ses auditeurs ravis sont suspendus à ses lèvres séraphiques; un astre radieux vient de briller au firmament de l'Eglise, il va l'illuminer de ses célestes rayons. Saint François, à cette nouvelle, s'écrie : « Dieu nous a » donné non un frère, mais un Evèque : » *Episcopus noster est* » ; il envoie à Antoine sa paternelle bénédiction et l'investit de la glorieuse mission d'enseigner la théologie à ses frères.

Voici la lettre qu'il lui écrit de sa main :

A mon très cher frère Antoine, salut et bénédiction en Notre-Seigneur Jésus-Christ. Je désire que vous enseigniez à nos frères la sainte théologie ; mais ayez soin, en même temps, de développer en eux, comme en vous, l'esprit de prière et d'oraison comme l'ordonne notre sainte règle. Adieu. — Frère-François.

A cette mission de docteur dont le séraphique Père vient de l'investir, Dieu ajoute celle d'apôtre universel : il va la remplir à l'étonnement et à l'admiration des anges et des hommes, à la confusion de l'enfer. C'était en 1222. Antoine était alors âgé de vingt-sept ans. Une nouvelle vie commence pour lui et chacun de ses pas va être marqué par des prodiges.

VI. — SON MERVEILLEUX APOSTOLAT

Vox Domini in virtute. La voix de Dieu c'est la puissance ! *Vox Domini in magnicentia.* La voix de Dieu, c'est la magnificence ! telle a été la voix de notre Saint. Ecoutons ses contemporains : Jamais la terre n'avait entendu un si sublime prédicateur ; il y avait dans ses discours autant de grandeur que de simplicité, autant de force que d'onction ; ce n'était pas des phrases sonores, c'était des clartés célestes ! Ce n'était pas *devant le peuple* qu'il parlait, mais il *parlait au peuple* ; chaque parole était un trait de feu ; sa voix était puissante et suave : c'était une lyre harmonieuse, redisant à la terre les syllabes d'or du paradis. Quand il prêchait, tous les travaux étaient suspendus, on accourait des villes et des campagnes ; c'était à qui arriverait le premier. Les plus grandes dames quittaient leurs riches demeures et marchaient à pied, au milieu de la nuit, à la lueur des torches, pour venir prendre place. Dès qu'il ouvrait la bouche, ses auditeurs n'étaient plus sur la terre, ils étaient comme ravis dans les cieux. Les plus grands pécheurs se convertissaient, les hérétiques abjuraient leurs erreurs ; les réconciliations, les restitutions se faisaient avec joie ; plus de dix mille et quelquefois plus de vingt mille, de trente mille auditeurs étaient là, et on les entendait à peine respirer ; le silence n'était interrompu que par les sanglots. Les églises étant trop petites, il fallait se transporter au milieu des plus grandes places ou dans les campagnes. Tous voulaient aller à lui ; tous voulaient lui baiser les pieds, baiser sa robe et recevoir sa bénédiction.

Deux grands scélérats vinrent, un jour, par curiosité, assister à son sermon. Tous les deux furent immédiatement convertis, et l'un d'eux, dans ses vieux ans, racontait ainsi ce miracle : « Nous entendîmes sortir de sa bouche
» enflammée des paroles si ardentes que
» nos cœurs furent brûlés. Chaque parole
» était un trait de feu. Notre cœur, dur
» comme la pierre, s'amollit à l'instant
» et nos yeux se changèrent en deux
» fontaines de larmes, avec des pleurs et
» des gémissements. Nous nous sommes
» jetés à ses pieds pour faire la confession
» générale. Je ne saurais dire avec
» quelle douceur paternelle il nous accueillit,
» quels sages conseils il nous
» donna, avec quelle force et quelle éloquence
» il nous parla, nous promettant,
» si nous persévérions dans le service du
» Seigneur, la couronne de l'éternité. »

S'il était le *père des pécheurs*, il était aussi le *marteau des hérétiques*, tant il brisait et pulvérisait leurs erreurs. Le Pape, en l'entendant, lui donna aussi le nom d'*arche du Testament,* et *d'arsenal des Saintes Ecritures,* tant il en possédait tous les trésors.

Jamais orateur sacré n'a remporté de si éclatantes victoires. Dieu l'avait créé pour l'éloquence divine.

« Orateur il l'est par nature, dit son
» historien, apôtre il l'est par vocation.
» Il est dans la maturité du talent et
» admirablement doué pour les luttes de
» la parole. Il a les qualités qui distin-
» guent l'orateur sacré, la grâce qui
» attire, le feu qui entraîne, la puissance
» qui subjugue, la connaissance du cœur
» humain et la science des Saintes Ecri-
» tures. Les prophètes lui prêtent leurs
» plus riches couleurs : les Evangélistes
» leurs touchantes paraboles ; les Pères
» et les Docteurs leurs arguments et leur
» mâle éloquence. Par dessus tout un
» grand souffle l'anime, un souffle de
» vie le transporte.

» Voix de Dieu, voix puissante, il paraît
» à son heure ; saint Dominique vient de
» descendre dans la tombe ; saint François

» épuisé, languissant, ne parlera plus au
» peuple que par l'aspect de son visage
» transfiguré, et par le spectacle des
» sacrés stigmates imprimés sur sa chair.
» Ce fils de François est destiné à conti-
» nuer les travaux des deux patriarches. »

Après l'historien entendez le Pontife, l'illustre évêque de Tulle, le chantre du Verbe exaltant notre Saint dans la sainte grotte de Brive.

« Eh bien ! ces lieux ont été témoin des
» soupirs embrasés d'un amant passionné
» du Christ, d'un diseur harmonieux
» qui chantait si bien les Ecritures que
» Grégoire IX le surnommait l'arche du
» Testament. Ses commentaires sur les
» pages divines sont comme une cithare
» d'or, comme une lyre harmonieuse, qui
» redit les hymnes les plus magnifiques
» à la gloire du Verbe Incarné. L'enfant
» Jésus de son doigt gracieux et éloquent
» avait touché sa lèvre, et lui faisait pro-
» noncer les syllabes d'or. Ce chantre
» superbe c'est Antoine de Padoue. »

VII. — SES GRANDS MIRACLES

Le monde entier retentit bientôt du bruit de ses prodiges, car les miracles accompagnaient chacun de ses pas et donnaient à sa parole l'éclat et la puissance de Dieu même.

A Verceil, dans la haute Italie, il prêcha son premier grand carême avec d'incroyables fruits de salut. Un grand miracle vint y mettre le comble. Pendant une de ses prédications, nous racontent les Annales, il entend des gémissements ; c'était ceux d'une pauvre mère accompagnant le cercueil de son fils unique. Antoine ému arrête sa prédication ; il s'approche du cercueil, se recueille ; et de sa voix puissante il dit au mort : « Au nom de Jésus-Christ, lève-
» toi. » Le jeune homme se lève et est rendu à sa mère, et les assistants de s'écrier : « Quelle est donc la puissance de
» cet apôtre à qui les morts obéissent ? »

C'est à Verceil, pendant ce carême, qu'il se lia d'amitié avec les pieux et si savants abbés des deux grands monastères de cette ville ; il les ravit par sa science de la théologie mystique et par sa sainteté. Invité par eux, il fit des conférences à leurs Religieux, et il y a de très grandes probabilités pour croire que les notes recueillies à la suite de ces conférences ont servi à composer l'admirable livre de l'*Imitation de Jésus-Christ*.

A Rimini, en Italie, le peuple, à son arrivée, se montrait indocile. Que fait notre Saint ? Il va sur le rivage de la mer ; là il appelle les poissons : tous accourent aussitôt et se rangent en ordre devant lui, les petits les premiers, les moyens ensuite et puis les plus grands. La multitude se rassemble aussitôt pour voir ce prodige. Elevant alors la voix et s'adressant aux poissons qui l'écoutent : « Poissons de la mer, s'écrie le Saint, » écoutez : puisque les hommes ne veu- » lent pas entendre la parole de Dieu, » c'est à vous que je vais l'annoncer. Oh!

» chers poissons, mes frères, quelles ac-
» tions de grâce ne devez-vous pas ren-
» dre au Seigneur ! Il vous a donné cette
» immensité des eaux pour demeure, et
» leurs profondes retraites pour refuge
» dans la tempête ; c'est lui qui, à l'épo-
» que du déluge universel, lorsque tous
» les hommes et tous les animaux qui
» n'étaient pas dans l'arche périrent,
» vous a conservés avec amour ; c'est un
» des vôtres qui, dans le naufrage, donna
» l'hospitalité au prophète Jonas : ce sont
» vos petits frères qui ont fourni à saint
» Pierre et à Jésus l'argent pour payer
» le tribut ; plusieurs de vos petits frères
» aussi ont eu l'honneur de servir de
» nourriture au Roi des rois. O poissons,
» mes frères, louez, louez, exaltez, le
» Seigneur ! Remerciez et bénissez le
» Seigneur ! »

A ces mots les poissons s'agitent, battent de la queue, ouvrent la bouche et témoignent leur bonheur par mille signes de joie.

Se tournant alors vers la multitude :

« Et vous, mes frères, s'écrie le Saint,
» hésiterez-vous encore? Voyez ces pois-
» sons écouter le Seigneur ; et quand ces
» animaux sans raison le bénissent et le
» louent, vous, hommes raisonnables,
» pour qui il a versé son sang et donné
» sa vie, vous ne l'écouteriez pas ! vous
» ne l'aimeriez pas ! »

A ces mots toute cette multitude tombe à genoux, se convertit et fait pénitence.

Ce n'est pas la seule fois que les animaux, dociles à sa voix, lui servent d'auxiliaires. Ecoutez encore. Ici ce ne sont plus les poissons de la mer qui vont venir à son secours, c'est une bête de somme.

Il n'est plus en Italie, il est venu en France. Saint François qui aime la France, et dont, par amour, il a pris le nom, vient de l'y envoyer. Il s'agit d'y convertir les Albigeois, francs-maçons de cette époque, et fils de Satan comme nos francs-maçons du jour. Leur satanique hérésie désolait nos plus belles provinces ; Toulouse, leur antique capitale, en était le foyer. Les hérétiques, appuyés par Raymond, indigne fils du grand croisé, y faisaient triompher leur secte. Antoine s'y transporte pour attaquer l'ennemi au cœur de la place : le chef des hérétiques, entre autres erreurs, s'obstine à nier la présence réelle de Jésus dans l'Eucharistie. Le saint apôtre a beau chercher à le convaincre par les arguments les plus irrésistibles, les plus lumineux; il résiste et ne veut pas se rendre.

Que fait le Saint? Ayant la création à son service, il lui propose de choisir le miracle qu'il voudra et qu'il croira le plus décisif. « Voici, dit l'hérétique, celui
» qu'il me faut : s'il s'accomplit, je me
» rends. Dans mon étable j'ai une mule,
» je la ferai jeûner pendant trois jours,
» et, après ces trois jours, quand je lui
» présenterai l'avoine vous lui présente-
» rez l'Hostie. Si elle laisse l'avoine et va
» se mettre à genoux devant l'Hostie, je
» croirai ! » Le Saint à ces mots lève les

yeux au ciel, Dieu parle à son cœur :
« J'accepte, dit-il, j'accepte, et c'est sur
» la place publique et devant la ville en-
» tière que dans trois jours je vous donne
» rendez-vous. »

Au jour indiqué, il célèbre le saint Sacrifice, et au milieu de la multitude accourue, tenant la sainte Hostie en main, il s'avance solennellement et se rend sur la grande place de la ville. L'hérétique y vient de son côté, tenant en main sa mule affamée et portant aussi l'avoine qu'il va lui présenter. Arrivé sur la place le Saint lève bien haut la sainte Hostie, et s'adressant à l'animal que tient son maître : « Au nom de ton
» Créateur que je porte dans mes mains,
» je t'ordonne, s'écrie-t-il, de tomber à
» genoux et de l'adorer. » A peine a-t-il prononcé ces mots, la mule échappe à son maître, se précipite vers le Saint, tombe à genoux et adore, la tête inclinée jusqu'à terre ; l'hérétique a beau lui présenter l'avoine, elle reste plongée dans son adoration !... A cette vue, c'est

le délire; ce sont des transports! toutes les mains se lèvent vers le ciel, et l'hérétique converti tombe à genoux, éclate en sanglots et implore le pardon. Le Saint le lui donne devant toute la ville ravie et convertie. A partir de ce moment, Toulouse devient : Toulouse *la Sainte*.

Selon de graves auteurs, le même miracle fut renouvelé, quelque temps après, dans la grande ville de Bourges et à Rimini.

Ainsi toute la création, soumise, à la voix du Saint, l'aidait à glorifier le Seigneur ; à son ordre, les tempêtes s'apaisent, les malades sont guéris, et la mort elle-même rend ses victimes.

Toutes les villes où il porte ses pas sont témoins de ses prodiges ; elles en ont conservé pieusement le souvenir.

A Montpellier, pendant qu'il prêchait devant le clergé au milieu d'une immense multitude, il se souvient qu'il a été désigné pour chanter, au couvent, l'*Alleluia* qui précède l'Evangile, il s'arrête alors tout à coup, couvre sa tête de son capuchon, et demeure immobile. Les auditeurs le croient en extase; mais, en même temps, ses frères le voient et l'entendent au chœur chantant l'*Alleluia*. Une fois l'*Alleluia* chanté, il reprend son discours où il l'avait laissé. Ce miracle de bilocation se renouvela plusieurs fois dans sa vie tant en France qu'en Italie, et en particulier un jour qu'étant en chaire à Padoue, il se transporta à Lisbonne pour ressusciter un mort et faire attester, par lui, l'innocence de son père injustement calomnié.

Pendant qu'il professait la théologie à Montpellier, un de ses étudiants lui ravit un précieux cahier de notes et s'enfuit furtivement. Que fait le Saint? il se met en prière, et force Satan à aller arrêter lui-même le voleur et à lui faire rendre le cahier perdu. Il y a ici trois miracles : l'objet perdu est retrouvé, le voleur est converti, et Satan est confondu. De là la confiance au pouvoir du Saint pour faire retrouver les choses perdues.

Au Puy-en-Velay, il fut deux fois

prophète. Un notaire menant une vie criminelle était cependant, à chaque rencontre, profondément salué par lui ; le notaire irrité lui en demande raison. « Ne soyez pas surpris si je vous salue, » dit le Saint, parce qu'en vous je salue » un futur martyr ; vous vous conver- » tirez et vous mourrez martyr. » Ce qui ne tarda pas à s'accomplir. Il fit la même prédiction à une mère pour l'enfant qu'elle allait mettre au monde. Quelques années après, étant entré dans l'Ordre séraphique, cet enfant prédestiné remportait lui aussi, en Orient, la palme du martyre.

A Arles, pendant le Chapitre général de la Province tenu en 1226, il prêchait aux Religieux sur la Passion de Jésus-Christ, et voilà que tout à coup saint François le Séraphique, alors stigmatisé et presque à l'agonie, se montre aux regards étonnés d'un des vénérables Pères, bénissant l'assemblée et donnant ainsi aux paroles du Saint la consécration du miracle. Ce n'est pas seulement saint François qui le visite, c'est Marie elle-même qui, très souvent, vient du ciel, environnée d'anges et portant dans ses bras le divin Enfant. Celui-ci, s'échappant des bras de sa mère, vient caresser le Saint.

Les Anges sont ordinairement les seuls témoins du prodige ; mais Dieu veut quelquefois que les hommes le contemplent. Limoges, Châteauneuf, Padoue prétendent à la fois à l'insigne honneur d'avoir été choisis pour être le théâtre du prodige. Le Saint en ayant toujours gardé et demandé le secret, il est difficile de localiser un fait qui se renouvelait sans cesse.

Autre chose sont les deux visites que lui fit Marie, l'une dans les grottes de Brives, l'autre dans la ville de Toulouse; la première à Brives pour l'arracher aux mains meurtrières de Satan, la seconde à Toulouse pour lui affirmer qu'elle était montée au ciel en corps et en âme le jour de son Assomption, et qu'il pouvait et devait le prêcher à la terre entière. Ce qu'il fit avec un bonheur ineffable et un succès merveilleux.

Plus il exalte Marie, plus le roi des enfers le poursuit de sa rage ; plusieurs fois il vient renverser la chaire où il prêche; mais Marie le protège et l'empêche de périr. Pendant qu'il prêche à Brives, dans un champ voisin de la ville, Satan furieux suscite une horrible tempête ; le peuple est effrayé : — « Demeurez en paix, dit le Saint; c'est Satan qui est en fureur; mais ne craignez rien, pas une goutte de pluie ne vous atteindra. » Il en fut ainsi, et les nuages demeurèrent suspendus, sans laisser tomber sur eux une seule goutte d'eau. Voilà la puissance de notre grand thaumaturge !

VIII. — LES LUTTES SUPRÊMES

C'est lorsqu'il va disparaître que le soleil darde ses plus éclatants rayons : il en est ainsi de notre Saint.

Jamais il ne fut plus terrible à Satan

que pendant les dernières années de sa vie; jamais sa grande voix n'eut plus qu'alors l'éclat du tonnerre.

Un jour, pendant une de ses prédications, il voit un grand cortège entrer dans l'église : on faisait de pompeuses funérailles à un richard qui venait de mourir; c'était par son avarice et ses usures criminelles qu'il avait acquis ses grandes richesses! « Arrêtez, s'écrie
» alors le Saint; arrêtez! Ce cercueil ne
» doit pas entrer dans le temple du Sei-
» gneur; celui qu'il renferme est maudit!
» Pour vous convaincre de cette malé-
» diction, allez ouvrir son coffre-fort, là
» vous trouverez son cœur! » On court à sa demeure, on ouvre le coffre-fort, on y trouve le cœur de l'avare. Grande et terrible leçon!

Le cruel Ezzelino, mandataire de Frédéric d'Allemagne, ennemi de la Papauté, après avoir ravagé Vicence, Vérone et Brescia, s'avançait vers Padoue, la rage au cœur et voulant la détruire. Tous tremblaient; Antoine seul ne tremble pas. Fort de la force de Dieu, il va vers lui, il s'avance intrépide et, bravant sa fureur : « Cruel tyran, s'écrie-t-il, monstre sorti de l'enfer, qui t'a donné le droit de verser le sang innocent? Ce sang crie vengeance, et je viens t'annoncer de la part de Dieu que l'heure de sa terrible justice approche et que tu vas être foudroyé! » A ces mots, la frayeur s'empare d'Ezzelino, et tremblant de tous ses membres, il tombe à genoux et, la corde au cou, demande miséricorde.

Notre Saint déploie le même courage en face du frère Elie dont l'orgueilleuse ambition aurait, sans notre Saint, mis en péril tout l'Ordre séraphique.

Par ce courage de lion, uni en lui à la douceur de l'agneau, se trouvait résolu le problème posé par Samson à ses convives : Quoi de plus doux que le miel ? — Quoi de plus fort que le lion ? — *Quid dulcius melle ? Quid fortius leone ?*

Grande leçon pour ceux qui gouvernent les hommes! Comment en effet les bien gouverner, si on ne sait unir la force à la douceur, et sur une main de fer, mettre toujours un gant de velours. A la force du lion, ne manquons jamais d'unir la douceur de l'agneau.

IX. — SON CHANT DU CYGNE

Dix ans ne se sont pas encore écoulés depuis qu'il a commencé son glorieux apostolat, et, pendant ces dix ans que de merveilles ! L'hérésie est écrasée et des nations entières sont converties ; notre grand apôtre est à la fleur de son âge, il n'a que trente-six ans, et voici qu'approche déjà l'heure de la récompense.

La ville de Padoue, en Italie, plusieurs fois évangélisée par lui avec des fruits merveilleux, a le bonheur d'entendre ses derniers accents. C'était le chant du cygne !

Il y vint au commencement de l'année 1231 pour y prêcher le Carême. Il venait de passer quelques mois sur le

Mont Alverne, le Tabor de l'Ordre séraphique. Son glorieux Père, saint François déjà en possession de l'éternelle félicité, dut l'y faire boire à longs traits au torrent des célestes délices. Il en descendit, comme Moïse du Sinaï, tout rayonnant des divines clartés, et lui qui avait soulevé le monde, allait, pendant ce Carême, remporter son plus beau triomphe. On accourait à Padoue, de vingt lieues à la ronde ; plus de trente mille auditeurs se pressaient chaque jour pour l'entendre ; les évêques, les prélats, les religieux de tous les Ordres, le clergé, les étudiants de l'Université, les magistrats, les nobles étaient mêlés aux pauvres et aux petits ; à son approche, pas un bruit, pas un frémissement, pas un souffle ; tous les yeux contemplaient avec avidité ce visage toujours beau et toujours jeune, mais maintenant pâle et souffrant, et empruntant à cette pâleur une beauté nouvelle.

Quand il descendait de chaire, ajoutent les témoins de ces merveilles, il **aurait infailliblement succombé sous le** poids des transports de la multitude, si des hommes robustes, le prenant sur leurs épaules, ne l'eussent défendu et protégé.

X. — SA SAINTE MORT

Le Carême fini, sentant le besoin de retremper son âme dans la contemplation et la prière, il se retire dans la solitude de Campo San Pietro, voisine de Padoue. Au milieu d'un bois touffu, se trouvait un arbre antique dont le tronc élevé et les branches magnifiques lui fournirent un abri délicieux. Il s'y bâtit une petite cellule. Unissant sa voix à celle des oiseaux, il y chantait les louanges du Seigneur. Le souvenir de l'arbre de vie au Paradis terrestre et de l'arbre de la croix au Calvaire donnait à son cœur d'ineffables ravissements. Il n'en descendait que pour prendre un peu de nourriture avec ses pieux compagnons; et, comme la colombe qui cherche son nid, il remontait aussitôt sur son arbre bien-aimé. Le vendredi 13 juin, il ne put remonter : vers le milieu du jour, à la même heure qu'avait commencé celle de Jésus, son agonie commença. Cette agonie fut une extase d'amour ; ses frères, sur son désir, veulent le transporter à Padoue ; mais, voyant ses forces s'affaiblir, ils s'arrêtent au monastère de l'Arcella, près des portes de la ville ; là, au milieu des pleurs de tous, il reçoit son Jésus. Il entonne de sa voix mélodieuse l'hymne : *O gloriosa Domina;* puis, levant les yeux au ciel : « Je vois Dieu, dit-il, il » m'appelle à lui » ; et entrant en extase, il s'envole dans la Patrie !

Au moment où il expire, tous les enfants sortent de leurs demeures, et, comme avertis et conduits par les anges, ils se mettent à parcourir les rues de la ville, s'écriant, quand personne ne le savait encore : « LE SAINT EST MORT ! LE SAINT EST MORT ! »

XI. — SES GLORIEUSES FUNÉRAILLES

Ce fut assez : tout le monde se précipite, tous veulent le contempler ; et alors commence entre les habitants de Padoue et ceux du faubourg où il est mort, une grande lutte, les uns et les autres se disputant le bonheur de garder ses reliques. Cette lutte dura jusqu'au mardi suivant, jour où tous les esprits s'étant tout à coup miraculeusement calmés, on lui fait, dans la paix et la joie parfaite, de triomphantes funérailles.

Jamais tant de magnificence ! Jamais tant de larmes mêlées à tant de joie ! Jamais triomphateur n'a été accompagné par un semblable triomphe ! Partout des fleurs et des flambeaux, des guirlandes et des couronnes ! c'était une vision du Paradis ! Chaque pas que fait le cortège est marqué par un nouveau miracle, et d'innombrables prodiges suivent son trépas.

Le premier qu'il fait est pour l'amitié, tant il est vrai que l'amabilité a été toujours le côté le plus attrayant de toute âme séraphique ; à peine a-t-il rendu le dernier soupir qu'il arrête son vol vers le ciel pour visiter son saint ami, l'abbé de Verceil, alors malade : « J'ai laissé » ma monture à Padoue, lui dit-il en » l'embrassant, et je vais dans ma patrie. » En disant ces mots, il l'embrasse, le guérit, et disparaît.

XII. — SA CANONISATION

Les prodiges qui suivirent son trépas furent si multipliés que le Pape Grégoire IX le canonisa l'année suivante, le 30 mai, au saint jour de la Pentecôte. Dans la Bulle de canonisation, il le proclama le grand thaumaturge de l'Eglise universelle : *Miraculorum fulgoribus illustrat Ecclesiam universalem.*

La cérémonie de la canonisation eut lieu dans l'antique ville de Spolète, près d'Assise. Le Pape y officia, entouré du Sacré Collège. Toute la chrétienté était représentée : évêques, supérieurs d'Ordres, princes, nobles, dignitaires de toute sorte, religieux de tout pays, députés de chaque nation. Jamais plus splendide triomphe !

Debout sur son trône, Grégoire IX, grand ami de notre Saint pendant sa vie, le cœur débordant de joie, le déclara, au nom de la Trinité, inscrit au catalogue des Saints. Il fixa sa fête au 13 juin, et après le *Te Deum*, il entonna lui-même l'antienne des docteurs de l'Eglise, en attendant qu'un autre Pontife lui donne, en vertu de son autorité suprême, ce grand titre de gloire. Au moment où le Pontife proclamait sa sainteté, les cloches se mirent à sonner toutes seules dans la ville de Lisbonne, sa patrie. Le ciel et la terre applaudissaient à son triomphe.

XIII. — SA SAINTE LANGUE

Trente et un ans plus tard, le dimanche après Pâques, ayant ouvert son tombeau pour faire la translation de son corps dans la splendide Basilique de Padoue, saint Bonaventure, le grand Docteur séraphique, qui présidait la fête, trouva sa langue fraîche et vermeille ; il la baisa avec transport et l'arrosa de ses larmes, en s'écriant : « O langue mille fois bénie, » qui a tant béni le Seigneur et l'a tant » fait bénir ! maintenant nous voyons ta » gloire ! »

Par le mérite de cette sainte langue, demandons au Seigneur la science de bien parler et surtout celle de savoir nous taire, n'oubliant jamais que si la parole est d'argent, le silence est toujours d'or.

Le même saint Bonaventure voulut, alors, célébrer par un chant devenu lui-même miraculeux, les grands miracles de notre Saint.

Qui ne connaît le fameux : *Si quæris miracula,* qu'on nomme le Bref de saint Antoine de Padoue?

« Voulez-vous des miracles? Allez à
» lui; il a tout sous sa puissance : la mort,
» le démon, la tempête lui obéissent, la
» peste, la lèpre, la maladie fuient devant
» lui, et les infirmes se lèvent guéris.

» La mer en furie se calme, les chaînes
» se brisent, les choses perdues se retrou-
» vent.

» Avec lui tout mal disparaît, et tout
» bien arrive. Racontez-le, vous qui
» l'avez éprouvé ; parlez, habitants de
» Padoue; *Dicant Paduani.* »

Qui peut en effet le proclamer mieux que les habitants de cette heureuse cité, devenue comme sa seconde patrie et le théâtre de sa gloire?

XIV. — SON VIVANT PORTRAIT

Le voici tel que nous le montrent les historiens, ses contemporains ; nous traduisons littéralement : On peut très bien dire du Bienheureux Antoine de Padoue ce que le patriarche Isaac dit à son fils Jacob : « Voici que le parfum » qu'exhale mon fils est semblable au » parfum qu'exhale un champ fertile, » béni du Seigneur. » Jamais en effet âme tant inondée de bénédictions célestes et tant ornée de fleurs odoriférantes de toutes les vertus !

« Jamais si profond abîme de science, de sainteté et d'humilité ! Sur ses lèvres était le miel le plus doux, et dans son cœur le feu le plus ardent. Autant il était pauvre dans ses vêtements, autant la distinction de ses manières et son exquise politesse révélaient une grande naissance : aussi a-t-il ravi le cœur de Dieu et des hommes. Ce qu'il y avait surtout en lui de remarquable, ce qu'il possédait au plus haut degré, c'est la vertu de discrétion, mère de toutes les autres, et sans laquelle toutes se changent en défauts ; cette vertu l'accompagnait partout et présidait à tous ses actes, à tous ses mouvements, à toutes ses paroles, de telle sorte qu'on peut dire que toute sa vie a été un idéal de perfection et de sagesse, consumée tout entière à glorifier Dieu, à sauver les âmes et à venir au secours de tous les malheureux. »

Quel idéal de sainteté et d'amabilité! Quoi d'étonnant qu'il exerce sur tous les cœurs une attraction indéfinissable! Oh! l'admirable fils de saint François! Et comme il ressemble bien à son glorieux Père!

Comme saint François, il aurait voulu verser son sang pour le Christ et les âmes; conquérant intrépide, séraphin incarné, il s'envole vers les terres infidèles, et, comme saint François, il est ramené en Europe pour y endurer le martyre, bien plus long et bien plus sublime de l'immolation, de l'obéissance, de la pénitence et de l'amour.

Comme saint François il aurait voulu se taire, se cacher et s'immoler sous le seul regard de Jésus, et comme saint François, Dieu le fait sortir de sa solitude et de son silence pour soulever le monde.

Oh! les deux grands et admirables Saints ! Ne les séparons jamais dans nos louanges, comme nous ne les séparons jamais dans notre amour.

XV. — SOURCE DE SA SAINTETÉ

Comme saint François, il a puisé la sainteté dans le Cœur de Jésus. Qui ne connaît le beau tableau où Murillo représente le séraphin d'Assise foulant aux pieds le monde et approchant sa bouche de la plaie du cœur de Jésus pour s'y enivrer d'amour? Ainsi s'enivrait d'amour notre bien-aimé Saint ; le Cœur de Jésus était le nid de son âme séraphique, et son doux paradis !

La place qu'il avait dans le cœur de Jésus sur la terre, il l'a gardée au ciel. Une angélique vierge de l'Ordre séraphique, Jeanne-Marguerite de la Croix, transportée en extase dans le Paradis le jour de la fête de notre Saint, vit son âme dans le cœur de Jésus ; elle y brillait comme une perle étincelante ; elle vit, ensuite, Jésus prendre cette perle, la sortir de son cœur et l'offrir à son Père céleste, à la grande admiration des anges et des saints.

Saluons-le donc désormais comme : PERLE DU CŒUR DE JÉSUS : c'est dans ce cœur qu'il a appris à devenir une *Violette d'humilité*, une *Rose de charité,* un *Lis de pureté* comme le disent ses litanies. C'est là qu'il a puisé cette tendresse ineffable qui lui a mérité qu'on écrivit en lettres d'or sur son tombeau ces paroles, qu'un Dieu seul a pu dire à la terre : « VENEZ A » MOI, VOUS TOUS QUI TRAVAILLEZ ET QUI » SOUFFREZ, VENEZ, JE VOUS SOULAGERAI. »

Voilà plus de sept siècles que ce cri se fait entendre ; il a retenti jusqu'aux extrémités de la terre, et depuis plus de sept siècles, tous les infortunés, tous les malheureux qui ont imploré le doux, le bien-aimé Saint, ont été soulagés et consolés. Jamais on ne l'a prié en vain. Quand la grâce demandée dans l'ordre temporel n'est pas obtenue, c'est toujours pour en recevoir une bien plus grande dans l'ordre spirituel. De là, la merveilleuse popularité de ce grand Saint. Les riches et les puissants vont à lui ; fils de grande famille, il leur enseigne à mépriser les richesses et l'orgueil. Les pauvres et les petits vont à lui ; ne s'est-il pas fait lui-même pauvre et petit? Ne marche-t-il pas pieds nus comme le pauvre et le petit? Tous vont à lui parce qu'il est l'ami de tous, le protecteur et le consolateur de tous, dans toutes les plus grandes détresses comme dans les plus petits malheurs. Voyez-le multiplier maintenant ses miracles pour donner le pain corporel et spirituel aux pauvres et aux petits ! O l'admirable et l'aimable Saint !

Cette petite chambre obscure est remplie de monde (page 91)

QUATRIÈME PARTIE

Retour de saint Antoine de Padoue dans notre chère France. — Le pain des pauvres.

Il en est des saints comme des étoiles : un nuage passe, on dirait que l'étoile n'est plus ; mais attendez et regardez toujours, vous allez revoir l'étoile, et elle ne paraîtra que plus brillante.

Jésus est le soleil du firmament divin ; Marie en est la lune radieuse, les saints en sont les brillantes étoiles.

Saint Antoine de Padoue est une étoile belle entre toutes et dont les rayons ont une incomparable suavité et une mystérieuse et miraculeuse attraction.

Notre chère France, qu'il a habitée, où il a fait les plus grands de ses miracles, ressent plus que jamais, en ce moment, cette attraction merveilleuse.

Transportons-nous par la pensée sur les côtes ensoleillées de la Provence, dans cette ville si active, si tumultueuse de Toulon. Pénétrons dans le petit oratoire d'une humble et pieuse chrétienne, non par curiosité, mais avec esprit de foi, et prêtons l'oreille au récit qu'elle va nous faire, dans sa langue naïve et imagée, des prodiges de tout genre opérés par le grand thaumaturge.

Mon Révérend Père,

Vous désirez savoir comment la dévotion à Saint Antoine de Padoue a pris naissance dans notre ville de Toulon ; elle s'est développée, mon Révérend Père, comme toutes les œuvres du bon Dieu, sans bruit, sans fracas et dans l'obscurité ; il y a environ quatre ans, je n'avais aucune connaissance de la dévotion à Saint Antoine de Padoue, si ce n'est que j'avais entendu dire, vaguement, qu'il faisait, en le priant, retrouver les objets perdus.

Un matin, je ne pus ouvrir mon magasin, la serrure à secret se trouvait cassée ; j'envoie un ouvrier serrurier, qui porte un grand paquet de clefs et travaille environ pendant une heure : à bout de patience, il me dit : « Je vais chercher les outils nécessaires pour enfoncer la porte, il est impossible de l'ouvrir autrement. » Pendant son absence, inspirée par le bon Dieu, je me dis : si tu promettais un peu de pain à Saint Antoine pour ses pauvres, peut-être te ferait-il ouvrir la porte sans la briser. Sur ce moment, l'ouvrier revient, amenant un compagnon. Je leur dis : « Messieurs accordez-moi, je vous prie, une satisfaction ; je viens de promettre du pain à Saint Antoine de Padoue pour ses pauvres, veuillez, au lieu d'enfoncer ma porte, essayer encore une fois de l'ouvrir; peut-être ce Saint viendra-t-il à notre secours. » Ils acceptent, et voilà que la première clef qu'on introduit dans la serrure brisée, ouvre sans la moindre résistance, et semble être la clef même de la porte. Inutile de vous dépeindre la stupéfaction de tout ce monde, elle fut générale. A partir de ce jour, toutes mes pieuses amies prièrent avec moi le bon Saint, et la plus petite de nos peines fut communiquée à Saint Antoine de Padoue, avec promesse de pain pour ses pauvres. Nous sommes dans l'admiration des grâces qu'il nous obtient. Une de mes amies intimes, témoin de ces prodiges, lui fit promesse instantanément d'un kilog de pain, tous les jours de sa vie, s'il lui accordait pour un membre de sa famille la disparition d'un défaut qui la faisait gémir depuis vingt-trois ans, la grâce fut bientôt accordée, et ce défaut n'a plus reparu : en reconnaissance elle acheta une petite statue de Saint Antoine de Padoue dont elle me fit présent, et nous l'installâmes dans une toute petite pièce obscure, où il faut une grande lampe pour y voir. C'est mon arrière-magasin. Eh bien! le croiriez-vous, mon Révérend Père! toute la journée cette petite chambre obscure est remplie de monde qui prie, et avec quelle ferveur extraordinaire! Non seulement tout le monde prie, mais on dirait que chacun est payé pour faire connaître et répandre cette dévotion.

C'est le soldat, l'officier, le commandant de marine qui, partant pour un long voyage, viennent faire promesse à Saint Antoine de cinq francs de pain par mois, s'il ne leur arrive aucun mal pendant tout le voyage. C'est une mère qui demande la guérison de son enfant, ou le succès d'un examen; c'est une famille qui demande la conversion d'une âme chère qui va mourir, et ne veut pas recevoir le prêtre; c'est une domestique sans place, ou une ouvrière qui demande du travail, et toutes ces demandes sont accompagnées d'une promesse de pain si elles sont exaucées. Eh bien! mon Révérend Père, pour vous donner une idée des grâces journalières qu'obtient notre bien-aimé Saint Antoine de Padoue (puisque l'on ne paye qu'après la grâce obtenue), il a été déposé le mois dernier dans le petit tronc placé à ses pieds la somme de *cinq cent trente-neuf francs,* ce ce qui nous a permis d'acheter *treize cents kilogrammes* de beau pain blanc pour les pauvres, et il en est de même généralement tous les mois.

Ce qui surtout a donné le plus de développement à cette chère dévotion, c'est un article ironique que le journal impie de notre ville a inséré dans ses colonnes; cet article était à mon adresse et me dénonçait au public comme coupable d'entretenir la superstition dans notre ville... Je me suis réjouie en le lisant, et ce que j'avais prévu est arrivé; d'un petit mal

Dieu a tiré un grand bien; il est si puissant et si bon!

Nous avons en ce moment des promesses fabuleuses de pain; nous en avons trois de mille francs, sans parler des petites promesses dont le nombre est incalculable, et les grâces se multiplient.

Nous recevons journellement des *mandats-poste,* accompagnés de quelques gracieuses lignes de remerciement au bon Saint Antoine; il nous en arrive de partout : de Lyon, de Valence, de Grenoble, de Montpellier, de Nice, de Grasse, de Marseille, d'Hyères, et de mille autres endroits; nous avons même reçu d'un commandant faisant partie de l'expédition du Dahomey *quarante francs*; il nous les envoyait du champ de bataille.

Il faudrait des volumes, si l'on voulait enregistrer les grâces déjà obtenues, tant spirituelles que temporelles.

Vous désirez aussi savoir, mon Révérend Père, comment est distribué ce beau pain blanc de Saint Antoine; le voici : nous avons fait une liste des communautés pauvres, d'orphelins et d'orphelines de toute la région, sans oublier les bonnes Petite Sœurs des Pauvres, et sitôt qu'il y a de l'argent en caisse, à tour de rôle, nous demandons à quelle date une de ces communautés désire une journée de pain, et, à jour fixe, elle reçoit *cinquante, quatre-vingts, cent kilogrammes de pain*; cela dépend du personnel de la maison, et lorsque les enfants aperçoivent au réfectoire le beau pain blanc, ils reconnaissent que ce n'est pas celui de la maison, et joignant les mains tous ensemble, ils font monter vers le bon Saint Antoine une fervente prière, accompagnée de mille VIVATS! Ce procédé doit être agréable à ce bon Saint, puisqu'il bénit de plus en plus cette chère petite œuvre.

En terminant, mon Révérend Père, permettez-moi d'implorer un souvenir dans vos prières pour celle que le bon Saint Antoine a daigné choisir pour sa petite intendante, afin que je devienne de plus en plus chère à cet aimable Saint par mon humilité et l'oubli de moi-même.

Votre très humble en Notre-Seigneur.
LOUISE BOUFFIER.
Toulon, 15 novembre 1892.

CHÈRES AMIES,

Priez un peu pour moi, afin que Jésus ne puisse me reprocher d'être la servante infidèle qui n'a pas su faire fructifier le bien de son maître. Chaque pulsation de mon cœur devrait être un acte d'amour et de reconnaissance, tant cet aimable Sauveur multiplie ses merveilles dans ma petite maison.

Oui, chères amies, depuis que le bon Père Marie-Antoine, qui, sans m'avoir prévenue, a fait insérer dans la *Semaine Catholique* de Toulouse ma pauvre lettre partout reproduite et si peu parfumée de style et d'élégance, des avalanches de lettres et de mandats m'arrivent de tous les points du globe.

O incrédules, qui ne voulez plus croire,

venez et contemplez de nouveau les merveilles de notre Dieu! Il se sert aujourd'hui comme toujours de ce qu'il y a de plus infime pour ses œuvres. Oui, le bon et charitable Saint Antoine de Padoue nous a donné, en l'année 1892, pour grâces obtenues, 5,943 *francs,* ce qui nous a permis d'acheter pour nos vieillards et nos orphelins qui sont autour de notre ville au nombre de douze cents, 13,783 *kilogrammes* de beau pain blanc. Mais cette année qui commence semble vouloir être encore plus féconde en prodiges. Ce mois de janvier nous a donné 1,072 *francs,* ce qui fait 2,680 *kilogrammes* de pain.

Ce qui cause surtout notre joie, c'est le cachet d'humilité qui enveloppe cette chère petite œuvre de Saint Antoine et qui est, vous le savez, le seul vrai caractère des œuvres du bon Dieu. C'est l'humilité avec laquelle chacun dépose son offrande dans le petit tronc, sans se soucier si je les connais ou si je le saurai, et le soir, en ouvrant le tronc de

Saint Antoine, pour enregistrer les recettes, je trouve le sou du pauvre mêlé aux billets de banque et pièces d'or du riche. Ce pain pétri avec la charité de chacun ne porte et ne peut porter qu'un nom, celui que lui donnent mes chers orphelins : *Le gâteau de Saint Antoine.*

Croyez-vous qu'il ne faut pas aussi de l'humilité pour envoyer de Rome, de l'Autriche, de la Belgique, de l'Algérie et de tous les points de la France et de l'univers, des mandats-poste à Saint Antoine dans la petite arrière-boutique de la rue Lafayette, et sans se douter que cet argent sera strictement changé en pain pour les pauvres ? Les adresses des lettres sont surtout amusantes : *A la Chapelle de Saint Antoine à Toulon ; A Saint Antoine à Toulon ; A la zélatrice de Saint Antoine à Toulon ; A la directrice de Saint Antoine à Toulon,* sans autre nom. Par bonheur que la poste est très aimable pour Saint Antoine ; pourvu qu'il y ait le nom du bon Saint, tout m'arrive. La plus amusante adresse, la voici : *A Monsieur le Directeur propriétaire de l'arrière-boutique où est installée la dévotion à Saint Antoine, à Toulon.*

Aidez-moi à remercier le bon Dieu de m'avoir fait l'honneur de me prendre à son service et d'être l'heureuse servante de Saint Antoine de Padoue.

Je vous quitte, chères amies, de plume mais pas de cœur. Demandez à Notre-Seigneur pour sa Louise, qu'entre ses mains, instrument docile, elle soit à sa gloire toujours utile.

Toujours à Lui.
Louise Bouffier.

Toulon, le 4 février 1893.

Mon Révérend Père,

Saint Antoine de Padoue nous comble de plus en plus de ses faveurs. Il semble prendre plaisir à être invoqué dans notre modeste oratoire où affluent les pèlerins. Permettez-moi, pour exciter encore la dévotion à cet aimable Saint, de vous raconter quelques-unes des manifestations de sa puissance.

D'abord une conversion touchante. Un Monsieur, presque aux portes du tombeau, refusait de se réconcilier avec Dieu, et sa fille, une âme d'élite, eut recours, dans sa désolation, à notre Bienheureux et lui promit, s'il convertissait son père, un bon de pain de *vingt francs* pour nos orphelins. La nuit suivante, le moribond se lève en sursaut et d'une voix effrayée crie à l'infirmier : « Est-il là ? est-il là ? » Le veilleur, comme inspiré d'En-Haut, lui répond : « Le prêtre ? Oui, Monsieur, il est là. » Il était minuit. On court chercher un prêtre, et le moribond se confesse avec de grands sentiments de repentir. Une heure après il expirait !

Vers le même temps, il y a environ trois mois, j'étais mandée près d'une dame âgée, très souffrante. « Mademoiselle, me dit-elle d'une voix émue, qui laissait deviner quelques faveurs surnaturelles, depuis deux ans j'adressais de ferventes prières au grand Saint Antoine de Padoue, pour le supplier de me tirer de l'état de misère où je vivais, percluse de rhumatisme, ne pouvant rester seule et n'ayant pas assez de ressources pour payer une servante : je n'ai qu'une bien maigre rente viagère et de plus une obligation à lots. Chaque jour, je conjurais le Saint de faire sortir mon obligation, et lui promettais en action de grâces *deux cents francs* pour ses pauvres. Il m'a exaucée, non selon mes désirs, mais bien au-delà. Je viens d'hériter de *quarante-cinq mille francs,* aubaine tout à fait imprévue. Et voilà pourquoi je vous ait fait venir, et voici mon aumône. » Pendant qu'elle me parlait, il y avait des larmes dans ses yeux : son cœur débordait de reconnaissance ; sa main a été généreuse. Nos orphelins se sont réjouis.

Ces jours derniers, on verse trente-cinq francs pour obtenir qu'une maison à sept étages soit occupée ; et à l'instant les demandeurs se présentent et les étages se louent.

Un autre propriétaire possédait, aux

environs de Toulon, un domaine estimé *trente-cinq mille francs*, qu'il désirait vendre. Il multipliait les frais et démarches; nul acquéreur ne se présentait. On lui parle de mon petit oratoire. Il y vient s'agenouiller aux pieds de Saint Antoine et promet *cinquante francs* de pain. Trois jours après la propriété était vendue, dans des conditions aussi avantageuses qu'inattendues.

Autre prodige. Vers la fin de la saison balnéaire, une dame de mes amies, très habile nageuse, se lance au large et perd un anneau d'or garni de brillants : immense est sa désolation, lorsqu'elle constate son malheur. Les baigneurs, toujours nombreux sur notre magnifique plage, mis au courant de l'accident, se lancent aussitôt à la recherche du précieux bijou. Ils plongent les uns après les autres au fond de la Méditerranée, mais toujours sans succès. La dame, rentrée chez elle, réfléchit, se souvient de la puissance de Saint Antoine et lui fait une promesse de pain. Le lendemain, de grand matin, elle est sur la grève, accompagnée d'un jeune homme qui, dès le premier plongeon, découvre et rapporte la bague tant désirée. Comme la dame est très connue dans la ville, l'événement y produit une grande impression.

Saint Antoine bénit ceux qui tiennent leurs promesses ; mais laissez-moi vous dire qu'il punit quelquefois très rigoureusement ceux qui négligent de les accomplir. En voici un exemple. Une dame de Toulon avait promis *cent kilos* de pain pour obtenir une grâce spéciale en faveur d'une personne tendrement aimée. La grâce est accordée, et l'on accourt nous l'apprendre avec de grandes démonstrations de joie. Mais la dette de la reconnaissance n'est pas acquittée. Deux mois se passent. Nous craignions un châtiment. Tout à coup on vient nous annoncer que la personne tendrement aimée est morte presque subitement.

Un livre tout entier ne suffirait pas à contenir les faits miraculeux qui se produisent ici chaque jour, grâce à l'intervention de notre saint thaumaturge. Arrêtons-nous.

Ce qui fait ma joie dans cette œuvre, c'est le cachet d'humilité qui couvre les offrandes et embaume la correspondance : les billets de banque du riche mêlés aux centimes du pauvre et de l'ouvrier; car les donateurs cachent soigneusement leur nom, connu de Dieu seul.

Ce qui fait la force de notre œuvre, c'est la prière ardente et spontanée. Trois fois par jour, nos mille vieillards et orphelins élèvent les bras en croix, remercient avec effusion le grand Saint qui veille sur eux, et le supplient de leur procurer encore du beau pain blanc.

L'heureuse servante des pauvres et de Saint Antoine de Padoue.

LOUISE BOUFFIER.

Toulon 25 février 1893.

NOTA. — Les aumônes depuis cette date vont toujours grandissant, elles s'élèvent maintenant à près cent vingt mille francs par an! Chantons : *Gloire à Dieu* et à *Saint Antoine de Padoue,*

CANTIQUES

A

Saint Antoine de Padoue

PREMIER CANTIQUE

Sur l'air de l'*Ave Maria* de Lourdes.

REFRAIN { Grand Saint Antoine, / A toi notre amour. } *bis.*

Au concert des anges
Unissons nos voix,
Chantons les louanges
Du fils de François.

Dès son plus jeune âge
Il brûle d'amour,
Et veut pour partage
Jésus sans retour.

Jésus le caresse,
Et lui, sur son cœur,
L'adore, le presse,
Tout brûlant d'ardeur.

Il vit solitaire,
Puis il va prêcher
Par toute la terre
Pour le faire aimer.

Toute sa richesse
Est sa croix de bois;
Toute son ivresse
Est Jésus en croix.

Sa plus grande gloire
Est l'humilité.
Sa grande victoire
Est la pauvreté!

La plus pauvre bure
Est son vêtement
La corde en ceinture
Tout son ornement.

Lui, fils de famille,
Il marche pieds nus.
Et tout ce qui brille
Ne le charme plus.

Vertus admirables,
Extases d'amour,
Prodiges, miracles
Prêchent tour à tour.

Perle séraphique !
O Saint ravissant !
O Saint héroïque !
O Saint si puissant !

SAINT ANTOINE DE PADOUE

Par lui l'on retrouve
Les objets perdus,
Par lui le ciel s'ouvre
Et sourit Jésus.

Quiconque l'implore
Obtient tout de lui ;

Quiconque l'honore
L'aura pour appui.

Volons à sa suite,
Brûlant tous d'ardeur ;
Nous mettrons en fuite
L'enfer en fureur.

DEUXIÈME CANTIQUE

Sur l'air : *Pitié, mon Dieu !*

En ce grand jour, Chrétiens, avec les anges
Chantons Antoine, exaltons ses vertus.
A lui nos cœurs, nos vœux et nos louanges,
C'est le grand Saint que caresse Jésus !

1ᵉʳ refrain.

Grand saint Antoine,
Perle des cieux,
O séraphique moine
A toi nos chants pieux !

2ᵉ refrain.

Par ses oracles,
Il chante Dieu !
Et par ses grands miracles ⎱ *bis.*
Il triomphe en tout lieu. ⎰

3ᵉ refrain.

Paix générale !
Trêve absolue !
La question sociale ⎱ *bis.*
Est toute résolue ! ⎰

Pour son amour il méprisa la gloire,
Foulant aux pieds la couronne des Rois,
Et puis volant de victoire en victoire
Dans tous les cœurs il fit régner la Croix.

Rien n'a jamais abattu son courage,
Rien n'a jamais affaibli son ardeur.
Héros sublime à la fleur de son âge,
Saluons tous ce grand triomphateur !

Inclinez-vous, orgueilleux de la terre
Devant ce Saint qui nourrit les petits.
L'Enfant qu'il porte est le Dieu du tonnerre
Inclinez-vous, ou vous serez maudits!...

Reviens, grand Saint, reviens dans notre France,
Ce beau pays de tes nobles aïeux ;
Rends-lui la foi, l'amour et l'espérance,
Il est si cher à la Reine des Cieux!...

FIN

TABLE

―

PREMIÈRE PARTIE

Enfance de Saint Antoine de Padoue (1195-1210)

I. — Sa naissance.	7
II. — La mère du ciel et la mère de la terre.	10
III. — Ses premières années.	13
IV. — Son vœu de virginité.	15
V. — Sa première communion.	18
VI. — Son amour pour l'étude.	21

DEUXIÈME PARTIE

Jeunesse de Saint Antoine de Padoue (1210-1220)

I. — Son entrée en religion.	23
II. — Sa vie au couvent Saint-Vincent de Lisbonne.	26
III. — Sa vie au couvent de Sainte-Croix de Coïmbre.	27
IV. — Comment Dieu l'appelle dans un autre ordre.	31

TROISIÈME PARTIE

Virilité de Saint Antoine de Padoue, sa vie dans l'ordre séraphique (1220-1231)

I.	— Son entrée dans l'ordre séraphique le grand nom qu'il y reçoit.	38
II.	— La grande mission qu'il va remplir.	40
III.	— Grandes épreuves.	45
IV.	— Le sépulcre de Monte Paolo.	50
V.	— La résurrection.	52
VI.	— Son merveilleux apostolat.	55
VII.	— Ses grands miracles.	60
VIII.	— Les luttes suprêmes.	70
IX.	— Son chant du cygne.	73
X.	— Sa sainte mort.	75
XI.	— Ses glorieuses funérailles.	77
XII.	— Sa canonisation.	78
XIII.	— Sa sainte langue.	80
XIV.	— Son vivant portrait.	81
XV.	— Source de sa sainteté.	84

QUATRIÈME PARTIE

Retour de saint Antoine de Padoue dans notre chère France. — Le pain des pauvres.	87
Cantiques à Saint Antoine de Padoue.	104

FIN DE LA TABLE.

Limoges. — Imp. Eugène Ardant et Cⁱᵉ

www.ingramcontent.com/pod-product-compliance
Lightning Source LLC
Chambersburg PA
CBHW070247100426
42743CB00011B/2171